Živko Marković

IZNEVERENI IDEALI

SNS - Naučna

Beograd, 2005.

IZNEVERENI IDEALI
Živko Marković

Tiraž: 100

Izdavači: Naučna, Beograd
                  Savez naučnih stvaralaca, Beograd

Za izdavače: Mitar Vasiljević
                  dr Nenad Ranković

Tehnička
priprema: Nenad Ranković

Štampa
i povez: „Bakar", Bor

CIP - Katalogizacija u publikaciji
Narodna biblioteka Srbije, Beograd

331.214.7(497.1)
321.74
329(497.1)

MARKOVIĆ, Živko
Iznevereni ideali / Živko Marković. - Beograd : Savez naučnih
stvaralaca : Naučna, 2005 (Bor : Bakar). - 61 str. ; 21 cm
Tiraž 100.

ISBN 86-903847-2-3

a) Raspodela prema radu b) Komunizam c) Političke partije

COBISS.SR-ID 120498444

UNUKU DANIELU

SADRŽAJ

UVODNE NAPOMENE

Priča koja sledi govori o karakterističnim ilustracijama određenih pojava iz političke stvarnosti sa kojima se autor suočavao. Ne bi one vredele pomena da nisu povezane s određenim sudbonosnim pitanjima društvenog razvoja prema kojima niko ne može biti ravnodušan. Možda će te ilustracije slikovitije od dubokih naučnih analiza razjasniti i istorijsku tragediju jednog od najvećih političkih pokreta za oslobođenje čovečanstva, kojem je i autor ove priče pripadao. Osnivači komunističkog pokreta su predočavali opasnost od njegove birokratizacije, ali nisu slutili da će mu ona doći glave.

Pokretu nisam pristupio radi političke karijere već iz ubeđenja u njegovu oslobodilačku misiju, ne sluteći da će na površinu isplivati karijeristi, i potisnuti ubeđene komuniste. Za moje usvajanje komunističkih ideala bilo je presudno čitanje Marksovog „Kapitala", pozajmljenog od jednog zemljaka, koji se tim genijalnim delom oduševio iako nije bio član komunističke partije. To što je i mene najviše oduševilo, bilo je jednostavno i duboko naučno objašnjenje kapitalističke eksploatacije, na kojoj počiva kapitalističko društvo. Ono je bilo sračunato na ukidanje privatne svojine kao osnovnog uzročnika klasne eksploatacije i društvenih nejednakosti, što je zadovoljilo moju, čini se urođenu naklonjenost društvenim jednakostima.

Bio sam već ubeđeni komunista kada mi je školski drugar ponudio da se učlanim u SKOJ (Savez komunističke omladine Jugoslavije). U namerno zamračenoj učionici Valjevske gimnazije, gde je izvršen formalni prijem, odmah sam dobio partijski zadatak i po noći upućen u selo Lelić da organizujem omladinske izbore, što mi se posebno dopalo jer sam voleo praktično delovanje. Time je praktično započela moja iskrena borba za komunističke i opštečovečanske ideale, bez slutnje da ću se najviše sukobljavati sa svojim partijskim drugovima.

Nisam bio usamljen. Pored onih koji su se borili za vlast i vrteli oko vlasti, u Komunističkoj partiji Jugoslavije, preimenovanoj na VI kongresu u Savez komunista Jugoslavije, bilo je na hiljade članova koji su se pojedinačno iskreno borili za komunističke ideale jer je organizovana borba unutar partije sistematski sprečavana. To je namerno prikrivano jer se nije smelo znati za neko unutarpartijsko razilaženje, a svako ko se javno oglašavao sa nekim sopstvenim političkim stavovima, odmah je odstranjivan iz Organizacije.

Nije bilo problema sa propagiranjem komunističkih ideja jer je partijskoj birokratiji to odgovaralo kao ideološka maska za prikrivanje antikomunističkih namera. Do sukoba bi dolazilo kad je te ideje trebalo ostvarivati pošto birokratija nije ispuštala vlast iz ruku. I s obzirom da je bila nemoćna da se direktno odupre inicijativama za dosledno ostvarivanje ideja kojima se i sama licemerno kitila, ona se služila zakulisnim metodama. Zbog jagme za vlašću unutar sopstvenih redova, nije uvek ni stizala da se obračunava sa onima koji joj nisu predstavljali direktnu opasnost.

Birokratija je najviše strahovala od gubljenja vlasti, pa je u isti „koš trpala" sve od kojih joj je takva opasnost pretila. Ko god je dizao glas protiv birokratske samovolje, proglašavan je za narodnog neprijatelja iako je najveći neprijatelj naroda bila zapravo birokratija, a najveći neprijatelj birokratije sam narod. Vladajuću birokratiju mogla je zameniti neka druga birokratija, a vladavina naroda bi iskorenila svaku birokratsku vladavinu narodom.

Ovde će biti reči o političkim mahinacijama i vratolomijama kojima je birokratija u ime naroda upravo narodu vrat lomila. Političko licemerje svugde je i svagda korišćeno kao unosno sredstvo birokratske vladavine, koje je dobro došlo i za lažno predstavljanje samoupravne demokratije.

U staroj Grčkoj politika je smatrana za plemenitu veštinu upravljanja društvom, što u suštini i treba da bude. Usled sukobljavanja divergentnih interesa društva i političara, ona je, međutim, veoma često izvrtana u njenu suprotnost, pri čemu su na štetu naroda uvek profitirali političari.

Komunizam je uspeo da osvoji mase zato što je stao iza vekovnih opštečovečanskih ideala slobode, bratstva i jednakosti. Da bi prigrabljenu vlast sačuvala, komunistička birokratija je po cenu sopstvenog porobljavanja narodnih masa, bratoubilaštva i društvene diskriminacije, te ideale izneverila i pogazila. Na taj način ona je komunizam umesto uzdizanja u opštenarodni pokret, srozala u antinarodnu diktaturu, nastavljajući da sprovodi klasnu torturu protiv koje su se iskreni komunisti borili. Ovde će biti reči o gaženju najviših ljudskih ideala slobode i društvenih jednakosti, sadržanih u revolucionarnim pokličima i buržoaskih i socijalističkih revolucija.

RASPODELA PREMA (NE)RADU

Još je Trocki predočavao da socijalizam može pobediti kapitalizam samo ako postigne višu produktivnost rada. Potencijalnu osnovu za to mogla je predstavljati znatno veća motivacija proizvođača ako rade za sebe nego ako rade za drugoga.

Proizvođači, međutim, ni u državnim preduzećima nisu radili za sebe nego za državu. Pošto su osnovna sredstva proizvodnje podržavljena, država je prisvajala celokupan višak proizvoda državnih preduzeća, a preko poreza, obaveznog otkupa i depresiranih cena poljoprivrednih proizvoda, i viškove proizvoda samostalnih poljoprivrednika. Čim su se dokopale vlasti, komunističke partije su zaboravile na revolucionarno obećanje „fabrike radnicima, zemlja seljacima".

Sa podržavljenjem proizvodnih sredstava, radnik je samo promenio poslodavca, prelazeći iz privatnog najamništva u državni najam. Njegova proizvodna motivacija time nije povećana nego je još i umanjena jer su se državni poslodavci znatno manje od privatnih poslodavaca trudili da ga motivišu pošto je i njima samima manjkala poslovna motivacija.

Pravi način da se radnik maksimalno motiviše bila bi socijalistička raspodela prema radu, ali je ona nespojiva sa državnim vlasništvom isto kao sa svakim drugim otuđivanjem proizvoda od proizvođača. Takva raspodela značila bi sasecanje društveno-ekonomskih korena birokratije, koja je lažnim proklamacijama raspodele prema radu prikrivala raspodelu prema (ne)radu.

Umesto stimulativne raspodele prema radnom doprinosu, vršena je destimulativna troškovna preraspodela, pomoću koje je državna birokratija jedino mogla upravljati društvenom reprodukcijom, i na kojoj je počivala njena neograničena vlast nad društvom.

Zato je jedinu uzdanicu državne politike za rast društvene produktivnosti predstavljalo jačanje materijalno-tehničke baze, koje je obezbeđivano prinudnom državnom akumulacijom. Sovjetski Savez je računao da će samo na taj način stići i prestići Sjedinjene Američke Države, ali tehnika ne radi sama, i što je razvijenija neophodna je tim veća motivacija proizvođača koji je koriste. Glavni uzrok katastrofalnog pada takozvanog državnog socijalizma bio je upravo nedostatak ekonomske motivacije.

Odbacivanjem socijalističke raspodele prema radu birokratija je odbacila sam socijalizam. Društveno potrebno vreme kao merilo individualnog kvantuma rada, zamenjeno je individualnim radnim vremenom nezavisno od radnog doprinosa, čime je raspodela prema radu zamenjena raspodelom prema ne-radu. Na taj način je eksploatacija radnika od strane privatnog poslodavca zamenjena ne samo eksploatacijom od strane državne birokratije već i radnika od strane (ne)radnika.

Takav način raspodele birokratija je, zajedno sa svojim ideološkim lakejima, pravdala navodnom nemerljivošću ljudskog rada. Ali pri raspodeli prema radu, i ne radi se o merenju živog već opredmećenog rada; ne meri se sam proces nego rezultat rada, odnosno radni doprinos. Pokušaji dosledne raspodele prema radnom doprinosu pokazali su da se na taj način može meriti svaki rad i da se takvom raspodelom podiže produktivnost svakog rada.

Za raspodelu prema radu nisam se opredelio zbog ideološke povodljivosti već iz ličnog ubeđenja da je ona jedina prava alternativa izrabljivanju radnika od strane neradnika. Takvo opredeljenje proisticalo je iz moje naklonjenosti prema radu i društvenoj jednakosti. Više mi godi bilo kakav rad nego nerad, i neshvatljivo mi je kako nekome lenčarenje može pričinjavati zadovoljstvo.

Svoj prvi pokušaj teorijske razrade raspodele prema radu u naučnoj delatnosti izložio sam u članku upućenom redakciji časopisa „Socijalizam“. Nije me iznenadilo što članak nije objavljen jer je zadirao u suštinu etatističkog sistema, iza kojeg je stajao Savez komunista, čije je glasilo „Socijalizam“ bio.

Umesto platnog sistema, po kojem su primanja naučnih radnika određivana prema radnom mestu i zvanju, predlagao sam da se utvrđuju prema naučnom doprinosu, odnosno prema rezultatima naučnih istraživanja, što Savez komunista nikada nije prihvatio iako se ideološki lažno deklarisao za raspodelu prema radu.

Prelazak na novi sistem raspodele prihvaćen je u Institutu za međunarodni radnički pokret, gde sam radio kao asistent-istraživač. Povereno mi je da predvodim komisiju za izradu pravilnika o raspodeli, kojim je umesto platnog sistema trebalo urediti raspodelu prema rezultatima rada. Predloženim rešenjima izričito se usprotivila samo direktorka Instituta, koja nije bila naučni radnik već profesionalni političar, došavši na tu funkciju po kadrovskom rasporedu.

Ali ni njeno neslaganje nije bilo principijelne prirode. Jedini argument kojim je bezuspešno pokušala da na zboru radnika ubedi prisutne, bio je da je nju za direktora imenovala Vlada, te da ona treba da joj određuje i platu. To, međutim, nije bio glavni razlog neslaganja jer je direktor mogao biti i izuzet iz sistema raspodele. Direktorku bi mnogo više pogodilo što bi sa uvođenjem raspodele prema radu izgubila vlast nad ljudima, koja joj je mnogo značila jer je uživala u tome da joj se potčinjeni bespogovorno pokoravaju.

Teško je podnela to što je na zboru radnika ostala usamljena i što je moje obrazloženje da i primanja direktora treba da zavise od rezultata rada Instituta, prihvaćeno gromkim aplauzom. Sutradan mi se požalila da zbog toga nije celu noć spavala i ironično mi čestitala na uspehu, dodavši da sam postigao što sam želeo, ali da moje namere neće proći. Očekivao sam lične obračune, i oni su sledili.

Prvo je pokušala da spreči moj odlazak na studijsku specijalizaciju u Moskvu, koju sam dobio preko međunarodne razmene pošto sam se bavio izučavanjem Sovjetskog Saveza. Sazvala je sednicu Naučnog veća Instituta sa namerom da izdejstvuje odluku o zabrani odlaska, s obrazloženjem da sam agent Zapada pošto sam magistrirao na Fakultetu političkih nauka, za koji je tvrdila da je stecište zapadnjačke agenture. Dobila je samo podršku šefa Odeljenja za socijalističke zemlje, kojeg je za to verovatno specijalno pripremila.

Pošto nije uspela u nameri, pozvala me je u svoj kabinet da me posavetuje kako da se u Moskvi ponašam, veličajući Sovjetski Savez i iztražavajući svoje simpatije prema sovjetskom sistemu i politici. Zahvalio sam se na savetima, i ne sluteći da ću u odlasku biti vraćen sa granice zbog neposedovanja izlazne vize, koju službenik Instituta zadužen za formalnosti oko mog odlaska verovatno nije slučajno zaboravio da izvadi. Zahvaljujući ekspeditivnosti službenika Ministarstva, vizu sam ipak odmah dobio, pa sam u Moskvu stigao samo sa danom zakašnjenja.

Po povratku sa specijalizacije interesovao sam se šta je bilo sa Predlogom pravilnika o raspodeli, koji je još pred moj odlazak pripremljen za usvajanje i umnožen za sve članove radnog kolektiva. I pored svih sumnji u očekivani ishod, iznenadio sam se kad mi je sekretar Instituta rekao da je direktorka naredila da se svi umnoženi primerci Pravilnika spale.

Direktorka se, međutim, nije time zadovoljila već je nastavila sa ličnim obračunima. Donela je rešenje o mom uslovnom unapređenju u zvanje naučnog saradnika pod uslovom da u roku od tri meseca doktoriram, što je objektivno bilo nemoguće, a u suprotnom da će mi po isteku tog roka prestati radni odnos u Institutu. U međuvremenu se desila srećna okolnost da je raspisan konkurs za saradnike analitičare u Centralnom komitetu Saveza komunista Jugoslavije (kao prvi i poslednji javni konkurs u istoriji Partije), na koji sam se prijavio i bio primljen. Nije imalo značaja što je konkursna komisija o meni dobila sasvim kontradiktorna mišljenja iz Instituta. Direktorka je, razume se, rekla sve najgore, ali nije mogla uticati.

U Službi Centralnog komiteta pogotovu nije bilo spremnosti za uvođenje raspodele prema radu. Zaposleni su bili uglavnom neposredno vezani za partijske funkcionere kao njihovi lični najamnici, za koje su često obavljali i kućne ili druge privatne poslove. I na visinu ličnih primanja zaposlenih funkcioneri su imali presudan uticaj pa se dešavalo da je sekretarica funkcionera sa srednjom ili nižom školskom spremom imala veća primanja od doktora nauka. Opravdanje je bilo da CK bez doktora nauka može a bez sekretarica ne može. Dežurna tema na savetu Radne zajednice bila su primanja ličnih vozača funkcionera, koji nisu mnogo radili ali su morali dežurati dok njihovi gospodari sastanče, kartaju se cele noći ili do zore provode kod svojih „prijateljica".

Izuzetnu šansu da sprovedem raspodelu prema radu imao sam u Veću Saveza sindikata Jugoslavije dok sam rukovodio Informativno-analitičkom službom i gde sam imao ličnu podršku predsednika Veća Mike Špiljka, kao jednog od retkih funkcionera koji su se za raspodelu prema radu iskreno zalagali. Postepenom primenom odgovarajućih osnova i merila raspodele startna osnovica ličnih primanja zaposlenih u Informativno-analitičkoj službi svedena je na polovinu, dok je druga polovina zavisila isključivo od ostvarenih rezultata rada. Radna motivacija je znatno povećana, a radni učinak uvišestručen. Pojedinci koje je bilo teško „oterati" u zasluženu penziju jer su dosta primali a malo radili, sami su tražili da idu.

Pokušaj da se takav način raspodele proširi na celu Radnu zajednicu nije uspeo jer sem Predsednika niko od ostalih funkcionera Veća nije tome bio naklonjen, a frontalni otpor raspodeli prema radu pružala je birokratska vrhuška i van sindikata. Na jednoj sednici Predsedništva Veća SSJ Špiljak se zalagao da i lična primanja funkcionera zavise od rezultata rada. Objavili smo to u glasilu „Sindikalne vesti", i odmah su počeli da stižu protesti političkih funkcionera sa svih strana, a ja sam pozvan na odgovornost što sam takvu vest pustio.

Uprkos tome, uporno smo u naučnim monografijama, javnim glasilima i predavanjima propagirali konkretne primere stimulativne raspodele prema radu, dokazujući da je ona ne samo moguća već i da predstavlja veliku socijalno-ekonomsku revoluciju. Da nema delatnosti u kojoj se ne može sprovesti, najbolje je svedočio primer Sekretarijata unutrašnjih poslova u Sisku, gde je prekonoć ostvaren veliki napredak u radu cele Službe, ali policijska i politička birokratija nije dozvolila da se ona razvije u društveni sistem jer je potkopavala birokratsku vladavinu. Vodeći ideolog etatistički koncipiranog samoupravljanja Kardelj zastupao je tezu da raspodela prema radu nije moguća, što su kao papagaji ponavljali i mnogi popujući politekonomisti.

Inicijativu za raspodelu prema radu pokrenuo sam i na Šumarskom fakultetu u Beogradu, gde sam kao profesor sociologije proveo i završio drugu polovinu radnog veka. Naišla je na podršku asistenata, koji su mnogo radili a malo zarađivali, ali i na otpor nastavnog osoblja, koje je nezavisno od radnog doprinosa (obima i kvaliteta rada) plaćano prema naučnom zvanju. Najveći otpor pružali su profesori koji su u nastavi imali najmanje obaveza a ni naučnim istraživanjima se nisu bavili.

Zbog toga se ni njihovi saradnici nisu javno izjašnjavali za raspodelu prema radu jer im je karijera sudbonosno zavisila od pretpostavljenih nastavnika, kojima se nisu smeli zamerati. Vladajući sistem hijerarhijske subordinacije stavlja i naučni podmladak u ponižavajuću podaničku poziciju tako da mladi naučni saradnici moraju, poput robota, i misliti kao što njihovi mentori misle.

Očekivalo se da će se prelaskom na tržišno privređivanje privreda automatski preporoditi ali se desilo suprotno jer pokretačke snage uspešnog privređivanja nisu samo na tržištu već pre svega u samoj privredi. Isti politički akteri koji su radnike zavodili lažnim samoupravljanjem, sada su se kao glavni akteri „tranzicije" umesto proizvodnji i privređivanju okrenuli raspodeli i preraspodeli već proizvedenog, uobrazivši da su pre svega oni pozvani da prisvoje i privatizuju društvenu imovinu (kojom su do juče faktički raspolagali kao partijski i državni funkcioneri), ostavljajući radnike na cedilu i bez posla.

Umesto raspodele prema radu, zavladala je raspodela prema političkoj moći, pa je politika postala najunosniji biznis. I umesto bogaćenja spostvenim radom i privređivanjem, preovladalo je bogaćenje nezasluženim prisvajanjem tuđeg: privatizacijom društvene imovine, privrednim kriminalom, korupcijom, mitom i sivom ekonomijom. Težnje ka društvenim jednakostima prigušene su bezobzirnim utrkivanjem za društvenim nejednakostima.

Iz državnog najamništva radnik je ponovo prekomandovan u privatno kapitalističko najamništvo. Novopečeni kapitalisti, pretežno bivši komunisti, kao ni ranije ne pokazuju interes za uvođenje stimulativne raspodele, a ni inostrani kupci domaćih firmi nisu joj mnogo naklonjeni. Nedostatak lične motivacije nadomešta se strahovladom a najviše strahom od gubljenja posla, sa kojim se gubi i egzistencijalna osnova i duševni mir, što za svakoga predstavlja životnu katastrofu.

KOLEKTIVNA PRIVATIZACIJA

Revolucionarnim pokličem „fabrike radnicima, zemlja seljacima" podizane su sve socijalističke revolucije. I prema tome nije mogao biti ravnodušan nijedan radnik i seljak, što je činilo glavnu ideološku i psihološku osnovu revolucionarnih pokreta. Tvorci izvorne ideologije revolucionarnog komunističkog pokreta predviđali su da čim kapitalističku klasu liši osnovnih sredstava za proizvodnju, socijalistička država odmah počne odumirati tako što će eksproprisana sredstva predati udruženim proizvođačima.

Zadržavanjem vlasti i vlasništva u monopolskom posedu birokratske države, vladajuće komunističke partije su izneverile i komunističke ideale i radničku klasu, u čije su ime nastupale i kojoj su se lažno zaklinjale. Ne samo što nisu dobili fabrike nego su i od vlasti i od vlasništva radnici još više udaljeni, a ni seljaci nisu dobili zemlju čak ni kao njeni formalni vlasnici jer je stvarni vlasnik država, koja kroz poreze i druge dažbine izvlači više nego što zemlja vredi.

Opredeljenje za samoupravljanje obećavalo je revolucionarne promene, ali je i ono oktroisano prema interesima birokratije, koja je u suštini zadržala monopol na upravljanje i raspolaganje državnim kapitalom, koji je samo preimenovan u društveno vlasništvo. Gotovo celokupan višak vrednosti prisvajala je država, koja je zahvaljujući tome zadržala odlučujuću ulogu u vođenju ekonomske politike, čime su samoupravna prava u raspolaganju društvenom imovinom svedena na formalnost.

Podržavljenjem privatnog kapitala, ne samo što nije ukinuta privatna svojina kao osnovni proklamovani cilj socijalističke revolucije, nego je privatizacija dovedena do krajnosti. Privatno vlasništvo je likvidirano samo formalno, a faktički je preneseno u ruke partijsko-državne birokratije, koja je postala stvarni vlasnik državnog kapitala.

Birokratija je stvarni kolektivni vlasnik državnog kapitala, kojim svaki pojedini birokrata privatno raspolaže u zavisnosti od mesta koje zauzima na birokratskoj lestvici. Glavni vlasnik je, međutim, vrhovni poglavar, baš kao što su nekadašnji carevi i faraoni bili suvereni vlasnici cdelokupne zemlje, jer on ima presudnu ulogu u odlučivanju o uslovima i načinu raspolaganja državnim kapitalom, kao i o rasporedu svojih podanika na birokratskoj lestvici.

Svojinski subjektivitet se time, u krajnjoj liniji, svodi na jednog jedinog suverenog vlasnika državnog kapitala, kojim on pri maksimalnoj centralizaciji i bukvalno raspolaže, tako da cela državna ekonomija podseća na jedno porodično gazdinstvo. Kao član partijske delegacije CK SKJ, učestvovao sam u razgovoru sa partijskim sekretarom jednog oblasnog komiteta u Rumuniji. Usred razgovora zazvonio je telefon preko kojeg je sekretar izveštavao generalnog sekretara Partije i predsednika Republike Nikolae Čaušeskua šta je njegovoj oblasti potrebno od stočne hrane. Radilo se o distribuciji iz državnog fonda, koju je šef Partije i Države lično vršio.

Na takav ili nešto drugačiji način vršena je nezavisno od ekonomskih kriterijuma, troškovna preraspodela društvenog proizvoda. Osnov raspodele nije bio doprinos proizvodnji već doprinos potrošnji, i ostvareni troškovi proizvodnje a ne ostvareni proizvod. Time su nagrađivani oni koji su više trošili na račun onih koji su više proizvodili, pa su dobitnici gubili a gubitnici dobijali.

Takva politika raspodele bila je u funkciji kolektivne privatizacije putem koje je birokratija prisvajala i trošila društveni proizvod kao rezultat tuđeg rada, uživajući stvarni svojinski subjektivitet nad državnom imovinom jer je stvarni posednik neke stvari zapravo njen korisnik.

Buržoaski način eksploatacije radničke klase zamenjen je tako birokratskim načinom eksploatacije. Komunistička birokratija je sama izigrala komunističku revoluciju prelazeći u antikomunističku kontrarevoluciju.

Kolektivna privatizacija društvenog proizvoda kao nazasluženo prisvajanje tuđeg, vrši se putem društvenih privilegija, koje su ugrađene u sam sistem etatističke raspodele. One se zasnivaju na pravilu da najviše dobijaju oni koji najmanje doprinose na račun onih koji doprinose najviše a dobijaju najmanje.

Osnovna privilegija ugrađena je u platni sistem, po kojem, nezavisno od radnog doprinosa, najviše dobijaju oni koji imaju najviša zvanja i funkcije, u čemu je birokratija na prvom mestu. A najviša zvanja i funkcije ne stiču se, po pravilu, na osnovu radnih već na osnovu političkih zasluga i poverenja pretpostavljenih, koji o unapređenjima uglavnom i odlučuju.

Na osnovu zvanja i funkcija stiču se i druge privilegije, kao što su prioriteti u rešavanju stambenog pitanja, nameštena službena putovanja, besplatni godišnji odmori, korišćenje službenih kola u privatne svrhe, nekontrolisano korišćenje sredstava reprezentacije, besplatni ručkovi i večere, razni pokloni, i mnoge druge legalne i nelegalne povlastice. Društvenim sredstvima birokratija praktično raspolaže kao svojom soptvenom imovinom.

Komunistička birokratija je tako raspolagala sredstvima i za ličnu i za proizvodnu, odnosno društvenu potrošnju. O razvojnim investicijama i pokrivanju opravdanih i neopravdanih gubitaka preduzeća, odnosno organizacija udruženog rada faktički su odlučivali partijski i državni funkcioneri, a o državnim pozajmicama, njihovom dodeljivanju konkretnim korisnicima i otpisivanju dugova na teret cele zajednice, presuđivali su državni čelnici.

Osnovni kriterijum birokratskog raspolaganja društvenim sredstvima u suštini nisu bili ekonomski već politički obziri sa primerenim voluntarističkim odlučivanjem. Tako su nicale takozvane političke fabrike, saobraćajnice i drugi privredni ili društveni objekti, koji često nisu imali ekonomskog opravdanja. Jedan grad ili selo imali su privilegiju da dobiju novu fabriku, asfaltni put ili ulicu, vodovod i kanalizaciju, ako je njihov meštanin bio na uticajnom političkom položaju.

Kao analitičar u Centralnom komitetu SKJ i Veću SSJ, nailazio sam na mnoge primere da je neki lokalni objekat sagrađen zaslugom uticajnog partijskog ili državnog funkcionera poreklom iz dotičnog mesta. I niko to nije skrivao već se, naprotiv, hvalisao jer su takvi slučajevi predstavljali javnu tajnu. Bilo je dosta slučajeva da su u nekom mestu podignuti potpuno nerentabilna fabrika ili nepotreban hotel, kao i da je izgrađen na desetine kilometara duži put samo da bi prošao kroz rodno mesto nekog visokog funkcionera.

U poziciji neprikosnovenog gospodara društvene imovine, komunistička birokratija je živela rasipnički, kao što su živeli srednjovekovni grofovi. Sa retkim izuzecima, visoki partijski i državni funkcioneri stanovali su u luksuznim državnim vilama i u eksluzivnim naseljima nedostupnim običnim smrtnicima, oblačili se po poslednjoj modi, putovali gde su hteli i kad su poželeli, godišnje odmore u zemlji ili inostranstvu provodili o državnom trošku, lovili u specijalnim lovištima gde drugi nisu imali pristupa.

Visoki funkcioneri nisu brinuli o svom provodu. Sve je išlo po protokolu i o brizi poniznih podanika, i gde god bi došli sve bi ih čekalo spremno: meka postelja, bogata trpeza, seksi zabava i druge dogodovštine po ličnom ukusu koji je morao biti unapred poznat. U mnogim mestima imali su lične vile ili vikendice, koje su im o društvenom trošku građene često i bez njihovog znanja. Titove vile bile su luksuzno opremljene, dobro čuvane i sa stalno angažovanom poslugom, a da u neke nikada nije ni kročio.

Uživajući u prisvajanju tuđeg, politički funkcioneri nisu prisvajali samo stvari već i ljude. One koji su ih obsluživali, koristili su o istom trošku i u službene i u privatne svrhe. Ko je imao sreću ili nesreću da služi funkcionera, morao mu je biti pri ruci i na poslu i u kući. Neki su to činili iz počasti a neki gunđajući. Politički moćnici imali su pomoćnike i u ličnoj zabavi. U lovu su njihovi dubleri istovremeno i potajno gađali iz skrovišta tako da zver sigurno padne. Kiteći se tuđim perjem, javno su izlagali navodno lične trofeje, a neki su od njih pravili i lične muzeje.

Kroz tuđe usluge prisvajana je i tuđa pamet. Retko je koji funkcioner sam sastavljao svoje političke govore, koje su, po pravilu, pisali politički skribolozi, pogađajući šta će se govorniku dopasti i čime se može podići njegova reputacija. Nešto iz neznanja a nešto iz obesti, pojedini funkcioneri nisu davali konkretne primedbe na ponuđenu verziju govora već su je vraćali na doradu sve dok ih ne bi zadovoljila. Kad se mladi i neiskusni skribopisac požalio starijem kolegi da mu šef bez primedbi vraća govor na doradu, ovaj mu je savetovao da prikupi već održane šefove govore pa iz njih izvuče prigodne stavove za novi govor, problem je odmah rešen. Politički funkcioneri ne vole da mnogo rizikuju i oslanjaju se na ono što je već provereno i što je prošlo bez primedbi. Pojedini funkcioneri su pod svojim autorstvom objavljivali i knjige ili članke koje su im drugi pisali.

Birokratskim privilegijama počeo sam da se suprostavljam još kao gimnazijalac. Kao dežurni komandir čete u valjevskoj brigadi „Žikica Jovanović Španac", nisam na radnoj akciji dozvolio članovima štaba Brigade da na kazanu preko reda podignu redovni obrok. Mada su bez pogovora prihvatili moju naredbu da stanu u red zajedno s ostalim brigadirima, nisu se lagodno osećali jer su javno opomenuti zbog kršenja principa ravnopravnosti za koji smo se, bar na rečima, svi zalagali, ali i zbog uskraćivanja jedne privilegije na koju su se polako navikavali.

Kao član upravnog odbora u Institutu za međunarodni radnički pokret, bio sam gotovo u svakodnevnoj prilici da se suprostavljam raznim privilegijama koje je direktor Institua ostvarivao ili davao pojedinim članovima radnog kolektiva. Najčešće su se one sastojale u nezasluženom povećavanju plata i honorara, neopravdanim službenim putovanjima i kršenju kriterijuma za rešavanje stambenih problema. U Centralnom komitetu SKJ sam kao član saveta radne zajednice nastavio da se borim protiv sličnih privilegija ali sa znatno manje uspeha jer sa onima koji su odlučivali, savet nije imao direktnu komunikaciju. Sekretar Izvršnog komiteta CK SKJ nije ni primio na razgovor predsednika Saveta da bi se razjasnilo pitanje nenamenskog korišćenja jednog stana iz raspoloživog stambenog fonda.

Kolektivnom privatizacijom društvena imovina nije pretakana samo u ličnu potrošnju već i u gomilanje privatnog kapitala. Privredni kriminal predstavljao je masovnu pojavu, a samo su nedovoljno moćni i nedovoljno uticajni malverzatori odgovarali pred zakonom. Sredstva od pronevera, mita, visokih provizija i skupocenih poklona dobijenih za prodaju proizvoda i usluga sopstvenog preduzeća ispod tržišne vrednosti, polagana su na privatne račune u stranim bankama i ulagana u osnivanje privatnih firmi u stranim zemljama ili u vlasništvu bliskih rođaka u zemlji.

Komunistička birokratija je tako spremna dočekala tranziciju u kapitalizam, čiju je okosnicu predstavljala privatizacija nazovi društvenog a u stvari državnog vlasništva. Da društvenog vlasništva nije ni bilo najbolje svedoči činjenica da je kvazidruštvena preduzeća privatizovala sama birokratija, i ne pitajući zaposlene radnike. Direktori i politički funkcioneri bili su i prodavci i kupci društvenih firmi, a kad su ih prodavali stranim vlasnicima dobijali su na crno debelu proviziju.

Birokratija je shvatila da pre svega ona treba da se prekvalifikuje u kapitalističku klasu, pa je u sprovođenju tranzicije bila uglavnom preokupirana prisvajanjem zatečene društvene imovine zapostavljajući razvoj i privređivanje, što je uz pad proizvodnje i produktivnosti, za neizostavnu posledicu imalo povećanje nezaposlenosti, migraciju stručnog i naučnog kadra i zamiranje stvaralačke aktivnosti.

Kapitalizam se, međutim, nije razvijao u pravcu privatizacije i dekoncentracije, već u pravcu socijalizacije i koncentracije privatnog kapitala, posebno putem zadrugarstva i masovnog akcionarstva, koji čine temelje savremenog kapitalizma. Ali razvoj zemalja tzv. realsocijalizma nije u interesu glavnih podstrekača njihove tranzicije - razvijenih kapitalističkih država, koje nastoje da ih pretvore u sopstvene kolonije i sirovinsku bazu svojih transnacionalnih korporacija. Zato su u interesnoj sprezi kolonijalnih sila i nacionalne birokratije, zadrugarstvo i akcionarstvo zaposlenih ostali sasvim na marginama kolonijalističke tranzicije, u čijoj je pozadini potajna strategija da se usitnjavanjem državnog kapitala lakše i putem tržišne konkurencije neosetnije izvrši njegova integracija u transnacionalni kapital.

Retrogradnoj kolonijalističkoj tranziciji moglo se uspešno suprostaviti samo progresivnom razvojnom strategijom, koja pretpostavlja ekonomsku i političku samostalnost Zemlje uz ravnopravnu međunarodnu saradnju s isključenjem svake dominacije i subordinacije. To bi podrazumevalo maksimalnu mobilizaciju svih razvojnih činilaca, pre svega proizvodnih i stvaralačkih snaga, koja se mogla izvršiti jedino pomoću izvornog zadrugarstva.

Ni vladajuće ni opozicione stranke nisu, međutim, bile naklonjene zadrugarstvu jer su bile preokupirane privatizacijom i borbom za vlast. Srbija je bila jedna od prvih zemalja u svetu koje su u drugoj polovini XIX veka počele da razvijaju zadrugarstvo na izvornim zadružnim načelima, ali je ono uspostavljanjem etatističkog oblika vladavine, i samo etatizirano i pretvoreno u instrumenat sistematskog izvlačenja viška proizvoda iz poljoprivrede, čime je faktički i privatno zemljovlasništvo podržavljeno. Zato je umesto jačanja zadružne demokratije jačala zadružna birokratija, koja je izvorna zadružna načela praktično odbacila i zadrugarstvo pretvorila u njegovu suprotnost.

To je pričinjavalo veliku teškoću pokušajima da se tokom tranzicije obnovi izvorno zadrugarstvo. Zadružna birokratija je zajedno sa državnom birokratijom diktirala antizadružnu zakonodavnu regulativu kojom je štićeno, praktično u njenom posedu otuđeno zadružno vlasništvo. Pokušavali smo da preko zadružnog lobija utičemo na promenu takvog stanja ali zadružna birokratija je uživala podršku svih vladajućih garnitura, preko kojih su kolonijalne sile sprovodile samo ono što je bilo u njihovom interesu.

Da bi ga iskompromitovale, reakcionarne snage su zadrugarstvo svrstavale među najveće negativnosti komunističke vladavine, a najveću negativnost predstavljala je upravo kompromitacija izvornog zadrugarstva, sa kojom je nastavila i postkomunistička vlast. Tome se moglo suprotstaviti samo praktičnim obnavljanjem izvornog zadrugarstva, čemu su se kolonijalistički orijentisane snage zapravo najviše suprostavljale jer bi ono značilo orijentaciju na samostalan ekonomski, kulturni i demokratski razvoj.

Shvativši da je razvoj izvornog zadrugarstva, kao dobrovoljna socijalizacija privatnog vlasništva i demokratska integracija ličnih inicijativa, najsnažnija pokretačka snaga društvenog razvoja, dali smo se na osnivanje novih zadruga, konstituisanih po izvornim zadružnim načelima. Lično sam pokrenuo inicijativu i sa još 64 zaposlena na beogradskim fakultetima osnovao Potrošačku zadrugu radnika beogradskih univerziteta, koju sam najpre kao predsednik upravnog odbora a potom i kao direktor, zajedno sa drugim zadružnim aktivistima, usmeravao u pravcu što doslednije primene zadružnih načela.

Pokazalo se da je prava zadruga pravo utočište za doslednu raspodelu prema radu, visok poslovni moral, prerastanje ličnih inicijativa u kolektivne akcije i organsko stapanje javnosti i privatnosti, pri kojem putem izjednačavanja ličnog i zajedničkog interesa privatno postaje javnim a javno privatnim. Tek pri tom se svako prema zajedničkoj imovini i kolektivnim poduhvatima počinje odnositi kao prema svojim sopstvenim jer oni to uistinu i postaju. Prigovori da su se radnici prema društvenoj imovini nedomaćinski odnosili, bili bi osnovani da je ona zaista bila društvena, a njihova težnja da se što više podeli na lične dohotke, predstavljala je samo protivtežu još većoj grabežljivosti privilegovane birokratije. Ukoliko su stvarno odlučivali o sudbini preduzeća, oni su to činili daleko odgovornije od svojih birokratskih dušebrižnika.

KOLEKTIVNO PODANIŠTVO

Odavno je poznato da je vlasništvo ekonomska osnova vlasti te da ko ima pare ima i stvarnu vlast bez obzira na formalna ovlašćenja. Podržavljenje osnovnih sredstava društvene reprodukcije predstavljalo je osnovu i za podržavljenje političke vlasti, pomoću koje je državna birokratija monopolisala stvarno raspolaganje tim sredstvima. Svojinski monopol nad državnim kapitalom povlačio je za sobom i politički monopol neposrednih nosilaca državne vlasti.

Monopolizacija državne vlasti i vlasništva nije se mogla ostvarivati bez njihove privatizacije pošto ona u suštini znači apsolutizaciju privatnosti. Kolektivna privatizacija državne imovne vršena je putem kolektivne privatizacije državne vlasti. Birokratija u suštini ne vlada kolektivno već, po principu jedinonačalija, individualno tako što se individualno odlučivanje od vrha do dna birokratske lestvice institucionalizuje. Državom, državnim resorima i državnim preduzećima ne upravljaju kolektivni nego inokosni organi (šef države, ministri, direktori), a kolektivna tela su samo lažne fasade stvarne privatnosti. Vrhunac privatizacije ogleda se u tome što svu, odnosno vrhovnu vlast ima šef države a svi ostali su samo ovlašćeni izvršioci njegove volje.

Ko god je imao posla sa vlašću suočavao se sa pojedincima koji su u ime vlasti nastupali. A da bi bila uvažavana, vlast mora da istupa u ime naroda, koji mora da se pokorava ako se vlast ne pokorava narodu. To je potrebno zato da bi se svako nepokoravanje vlastodršcima proglasilo za neprijateljstvo prema narodu kao opravdanje za upotrebu sile protiv pripadnika tog istog naroda.

Komunistička vlast ponašala se kao svaka druga vlast jer ako nije predstavljala neposrednu vlast samog naroda, ona je mogla postojati samo kao vlast nad narodom. Sve što joj se opiralo, bilo desno ili levo, nazadno ili napredno, proglašavano je za antinarodno da bi se pribavio ligitimitet za lično obračunavanje i razračunavanje. Draž svake vlasti je da se svaki lični obračun može predstaviti i opravadati kao obračun sa naprijateljima države i naroda.

Pri golom etatizmu, to je bilo sasvim očigledno. Svako neslaganje sa predstavnicima vlasti proglašavano je za neprijateljski akt i strogo kažnjavano. Zato je jednoglasnost predstavljala osnovno načelo birokratske vladavine, koje je trebalo da simbolizuje apsolutno jedinstvo naroda i apsolutnu nepogrešivost birokratije u izražavanju njegove volje. Pripadnost narodu morala se potvrđivati privrženošću birokratiji, dok je svaki odmetnik svrstavan među neprijateljske elemente.

To je, samo zakamuflirano, nastavljeno i pri samoupravljanju pod okriljem države. Pošto nisu dobili fabrike, radnici nisu mogli dobiti ni stvarno upravljanje fabrikama, koje su u suštini ostale pod državnom upravom s obzirom da je država prisvajala i preraspodeljivala gotovo celokupni dohodak da bi brinula ne samo o investicijama već i o ličnim primanjima radnika nezavisno od njihovog rada i poslovnih rezultata preduzeća. Stvarnog samoupravljanja pogotovu nije moglo biti u društvenim delatnostima, koje su na budžetskim jaslama i u sistemu samoupravnog interesnog organizovanja ostale zavisne od milosti državne birokratije.

Odlučujuću ulogu u samoupravnom odlučivanju pod okriljem države imali su direktori, koji su bez obzira na način izbora, sprovodili državnu politiku i odluke otuđenih državnih organa. Ali ni u samom izboru direktora odlučujuću ulogu nisu imali radnici već partijska rukovodstva, koja su protežirala svoje kadrove, a rukovodioce javnih preduzeća i ustanova od posebnog društvenog interesa neposredno su postavljali državni organi.

Organi samoupravljanja su, po pravilu, samo formalno verifikovali odluke poslovodnih organa, kao što su delegatske skupštine formalno potvrđivale praktično već donesene odluke partijskog i državnog vrha, na čijem se prihvatanju insistiralo po svaku cenu. O najznačajnijim pitanjima faktički je odlučivao najuži partijski vrh, i u krajnjoj liniji jedan čovek, pa se može smatrati iskrenom izjava Vladimira Bakarića da o sudbini Zemlje odlučuju 3-4 čoveka. Za celo vreme vladavine KPJ, odnosno SKJ, pa ni za vreme podržavljenog samoupravljanja nije održan nijedan opštenarodni referendum, niti je takva zakonska mogućnost postojala za odluke društveno-političkih zajednica.

Referendum je bio rezervisan samo za odlučivanje u organizaciji udruženog rada i mesnoj zajednici, ali je i tu bio pod budnom partijskom i državnom prismotrom. Mogućnosti za alternativno izjašnjavanje nije bilo, i glasalo se samo za ono što je bez alternativa pripremano na jednom mestu. Inicijative za bilo kakve promene poticale su gotovo isključivo iz partijskih i državnih centara, odnosno od poslovodnih i izvršnih organa vlasti, a zna se da ko odluke inicira taj, po pravilu, ima odlučujući uticaj i na njihovo donošenje čak ako u njemu neposredno i ne učestvuje.

Insistiralo se na bespogovornom prihvatanju onog što je na odgovornom mestu pripremljeno pa makar to bilo i najneprihvatljivije. Retko ko se usuđivao da istupi sa nekim drugačijim predlogom jer bi odmah sledila replika, osuda, pa i osveta. Takav rizik bio je skopčan sa egzistencijalnim pitanjima jer su zaposleni, bez obzira na formalna samoupravna prava, faktički bili u najamnom položaju, i to ne prema radnom kolektivu već prema pretpostavljenom rukovodiocu, koji je praktično odlučivao o njihovim prinadležnostima i statusnim pitanjima: zvanju, radnom mestu, unapređenju, pa i o samom opstanku na poslu. Za bilo koje rešenje pretpostavljenog naredbodavca uvek se moglo naći prihvatljivo obrazloženje a da se i ne govori o raznoraznim smicalicama koje su u pripremi mogle prethoditi.

Na prvoj sednici upravnog odbora u Institutu za međunarodni radnički pokret nisam se složio sa jednim predlogom direktorke, protiv kojeg sam i glasao. Iznenadio sam se kad se direktorka tri puta prekrstila, izjavivši da joj je to prvi put u životu da neko glasa protiv njenog predloga. Ali time se nije zadovoljila. Okrenula se prema svojoj sekretarici i naredila joj da unese u zapisnik da sam ja glasao protiv, sa napomenom da može zatrebati, što je moglo poslužiti i kao opomena ili pretnja i drugima.

Osveta je sledila sa naručenom negativnom recenzijom moje studije o obrazovanju i vaspitanju u Sovjetskom Savezu. Direktorka je taj zadatak poverila jednom osvedočenom rusofilu, kojem se svakako nije svidela moja kritika sovjetskog sistema obrazovanja i vaspitanja, a uz to je za dobru uslugu dobio i dobar honorar. Pošto je bio na prethodnoj konsultaciji kod direktorke, može se pretpostaviti kakva je recenzija naručena.

Nije to bio nikakav izuzetak. Gotovo je bilo pravilo da direktorka naručuje negativne recenzije za neposlušnike a pozitivne za poslušnike. Poslušnost je predstavljala nezaobilazni kriterijum napredovanja u struci i nauci, zbog čega se većina oportunistički ponašala držeći se po strani ili podilazeći pretpostavljenim. Mnogi su mi čestitali na hrabrosti ali se nisu usuđivali da me javno podrže ni kad je to bilo u njihovom neposrednom interesu. Strah od osvete pretpostavljenih, koja se sastojala i u dobijanju otkaza, nadjačavao je skupo plaćenu hrabrost.

Ali teški oportunizam nije poticao samo iz podaničkog odnosa potčinjenih prema pretpostavljenim. Svoje sistemsko ishodište imao je u sistematskoj apologizaciji nauke i svekolike duhovne delatnosti, koja je podređivana dnevnoj politici. Glavni kriterijum za vrednovanje naučnih radova nije bila naučna utemeljenost nego politička oportunost. U prirodi je svake prave nauke kritički odnos prema postojećoj stvarnosti, a od apologete se očekuje samo da veliča dnevnu politiku. Ko je hteo da napreduje u naučnoj karijeri, morao se služiti citatima Marksa, Engelsa, Lenjina, Tita, Kardelja i drugih ideologa i političara, koji su uzimani za nesporne i neosporne naučne dokaze.

Da bi se budno bdilo nad ideološkom svešću i savešću naučnih radnika, za rukovodioce naučnih ustanova nisu postavljani naučnici nego političari, pa i kad su se tražile naučne kvalifikacije, njima je pridavan sekundaran značaj u odnosu na političku privrženost. Tako je vođena i ukupna kadrovska politika u naučnoj delatnosti, pa iz naučnog podmladka nisu izrastali vrsni naučnici već verni ideolozi.

Direktorka Instituta je svesrdno podržavala one koji su joj se klanjali, a na sve moguće načine sputavala svojeglavce. Naručivanje pozitivnih ili negativnih recenzija samo je jedan od načina. Prihvaćenim i objavljenim naučnim radovima naknadno su prišivane tendenciozne ideološke kvalifikacije ako je nekog autora trebalo veličati ili anatemisati. Moje kritičke prikaze sovjetske stvarnosti direktorka je nazivala političkim pamfletima pa i kad su se oslanjali na kritike sovjetskih autora.

Kad nisu pomagale naučne i stručne diskvalifikacije, služilo se raznim podmetanjima. Ako se neposlušnim nisu mogle uputiti nikakve opravdane zamerke, korišćene su zlonamerne insinuacije da bi se proglasili intrigantima, huškačima, razbijačima kolektiva ili narodnim neprijateljima. Takve je kolektivnim bojkotom trebalo slomiti ili učiniti nepoželjnim kako bi se lakše odstranili iz kolektiva.

To je postizano špijuniranjem, provociranjem, cinkarenjem ili prisluškivanjem. Direktorka je imala svoje doušnike, koji su krstarili po kancelarijama, osluškivali i provocirali da bi što više materijala sakupili. Namerno su ogovarali direktorku i njene bliske saradnike da bi na to navukli svoje sagovornike u nameri da ih što više opanjkaju. Kada sam to prozreo, stao sam da im kontriram hvaleći direktorku i opravdavajući njene postupke, što ih je zbunjivalo pa su prestajali sa provociranjem.

Špijuniranje je predstavljalo vladajuću praksu kao da se radilo o ratnom stanju, koje je u stvari i vladalo u odnosima između nadobudne birokratije i neposlušnih podanika. Pored tajne partijske policije, koja je prikupljala informacije za partijske funkcionere, gotovo u svakoj sredini radili su za lokalne funkcionere i lokalni doušnici. Bio je to oprobani metod ličnog vladanja i obračuna sa neposlušnim podanicima.

Za posao koji su nečasno obavljali, tajni doušnici su dobro nagrađivani, pre svega raznim povlasticama i nezasluženim napredovanjem u službi. Na odsluženju vojnog roka slučajno smo u vodu otkrili jednog cinkaroša, koji je verovatno i u civilnoj službi nastavio da se bavi cinkarenjem doguravši i do najviše partijske funkcije. Cinkarenje je, u svakom slučaju, predstavljalo unosniji posao od savesnog obavljanja stručnih poslova.

Cinkaroši su, po pravilu, loši stručnjaci jer su umesto strukom preokupirani cinkarenjem, i bolje su obavešteni o privatnom životu nego o svojoj struci. Ogovaranjima, cinkarenju i podilaženju uvek su naklonjeni lošiji nego bolji učenici i radnici, pa u podaničkom društvu lakše i napreduju. Često sam kao privredne i političke funkcionere sretao školske drugove koji su bili slabi učenici i potajni antikomunisti, ali su važili kao dobri „klikeraši".

Već je kroz samo cinkarenje sticana kvalifikacija za prljavo vladanje ljudima. U kandžama cinkaroša nalazili su se svi potencijalni počinioci montiranih nedela, jer im se unapred verovalo i svakoga su za nešto mogli nabediti. Bilo je dovoljno da im se neko bilo čime zameri pa da ga opanjkaju ili ako je u nemilosti pretpostavljenih da ga bez ikakvog povoda za nešto ozloglase. Što su više poželjnih (istinitih ili izmišljenih) informacija pribavljali svojim poslodavcima, veći su kredit kod njih sticali.

Nedovoljno pouzdano cinkarenje nadopunjavano je pouzdanijim prisluškivanjem. U međusobnom obračunu najviših partijsko-državnih funkcionera, ono je na IV plenumu CK SKJ 1966. godine i službeno obelodanjeno kao veliko iznenađenje iako je u mnogim sredinama korišćeno kao uobičajeno sredstvo tajnog informisanja. U Institutu je, po naređenju direktorke, preko telefonske centrale vršeno stalno prisluškivanje zaposlenih. Tajno snimanje privatnih razgovora pomoću veštačkih prisluškivača predstavljalo je dosta korišćeno sredstvo prikupljanja pouzdanih informacija.

Zalaženje u privatni život podanika predstavljalo je nezamenjivo sredstvo održavanja samog podaništva, birokratska vladavina javnom sferom temeljila se na vladanju privatnom sferom. Kolektivna privatizacija sredstava životne egzistencije uključivala je i kolektivnu privatizaciju samog života kao najznačajnijeg sredstva egzistencije. Raspolažući osnovnim uslovima života, birokratija je raspolagala samim životom ljudi.

Ukoliko nisu raspolagali sredstvima svoje egzistencije, pojedinci nisu mogli raspolagati ni samom egzistencijom, kojom su faktički raspolagali oni što su raspolagali i životnim sredstvima. Lična sloboda im je dodeljivana nezavisno od ličnog angažovanja kao što su im lična primanja dodeljivana nezavisno od njihovog rada. Ekonomskom zavisnošću državnih najamnika predodređivana je njihova egzistencijalna zavisnost od državne birokratije.

Najveća ubitačnost birokratsko-etatističkog sistema vladavine sastojala se u gušenju lične inicijative stavljanjem državnih najamnika u poziciju pukih izvršilaca. Nije se tražilo, niti je bilo poželjno da pojedinac samostalno deluje te da sopstvenom glavom misli i razmišlja, već da disciplinovano izvršava naloge pretpostavljenih. I najnedelotvornija poslušnost više je cenjena od najplodotvornije samostalnosti, koja je kod pretpostavljenih izazivala sumnjičavosti i lična podozrenja.

Kao što je prividno društvenim vlasništvom prikrivano faktički privatno raspolaganje društvenom imovinom, tako je prividno demokratskim samoupravljanjem prikrivano faktički autokratsko upravljanje političke i privredne birokratije. Svoju apsolutnu vlast nad narodom birokratija je pokušavala da prikrije prividno apsolutnom vlašću samog naroda, zbog čega je svako odstupanje od njenih direktiva kvalifikovala kao otpadništvo od naroda.

Takav privid stvaran je uterivanjem opštenarodnog straha od svakog neslaganja sa birokratskim samovlašćem, koje je lažno predstavljano kao neotuđena i neotuđiva vlast naroda. Zato je svako neslaganje strogo kažnjavano: od javnog bojkota do političkih progona i fizičke likvidacije. I sovjetska „seredinka", koja se sastojala u naizgled bezazlenom grupnom „prepariranju", toliko je pogađala da su mnogi radije pristajali da idu u zatvor nego da budu žigosani od najbliže sredine.

Svojevremeno smo bili svedoci političkih diskvalifikacija i zbog naivnosti koje se nekome nisu svidele, ili proterivanja iz škole zbog bezazlenih dečjih nestašluka. Sa posla se nije otpuštalo zbog nerada već zbog neslaganja sa pretpostavljenim makar ono bilo i u opštem pa i opštedruštvenom interesu. Direktorka Instituta je zbog toga otpustila na desetine fakultetski obrazovanih saradnika, što je bila dosta raširena pojava i u drugim sredinama.

Progoni zbog lične netrpeljivosti, uvek su se mogli opravdati nekim opštim interesom i za svaki slučaj se mogao pronaći neki prividno prihvatljiv razlog. A u Centralnom komitetu SKJ se ni toliko nisu morali truditi. Nepoželjnim je bez ikakvih obrazloženja saopštavan otkaz, koji je rešenjem o prestanku radnog odnosa formalno obrazlagan prestankom potrebe za poslom. Žalbe nisu pomagale jer se unapred znalo ko će dobiti sudski spor.

Što je najgore, prognanike je pratio crni dosije, zbog kojeg su teško dobijali novi posao. Lične karakteristike nisu morale biti pisane, ali je bila ustaljena praksa da potencijalni novi poslodavac traži mišljenje prethodnog poslodavca, pri čemu za prijem na posao nije bila presudna radna sposobnost, već moralno-politička podobnost, i pre svega odnos prema pretpostavljenim. Svako se klonio buntovnika priželjkujući ponizne i poslušne sa kojima se moglo postupati kao sa robotima ili dresiranim psima.

Ko je hteo da se „snalazi, izvlači i provlači" u životu i na poslu, morao je da se dodvorava i podilazi pretpostavljenim, misleći i radeći po njihovoj želji. Trebalo je samo postupati po „božijoj" volji, pa je napredovanje, i na poslu i u životu, bilo gotovo zagarantovano. Nikad nije na odmet biti vredan i poslu predan ali je po birokratskim merilima uvek važnije biti odan i pokoran.

Time je održavan, ali i potkopavan sistem birokratske vladavine. Podaničkim dodvoravanjem stvarana je lažna predstava o stvarnom stanju stvari, čime su prikrivani postojeći problemi društva i odlagano njihovo rešavanje. Nerešivi problem svih birokratsko-etatističkih režima bila je takozvana lakirovština, koja se sastojala u lažnom prikazivanju poslovnih rezultata i političke situacije u društvu. Pošto je birokratiji stalo do toga da radi naduvavanja sopstvenog autoriteta, stvara što idealniju predstavu o svojoj vladavini, svi se utrkuju u „friziranju" informacija, kojim se vrši podaničko dodvoravanje i birokratija uljuljkuje fiktivnim predstavama o sopstvenoj moći.

Nepremostivu teškoću u radu analitičkih službi CK SKJ i Veća SSJ predstavljali su nesporazumi oko objektivnosti informacija sa terena. Analitičari su otkrivali probleme, a visoki partijski i sindikalni funkcioneri su obasipani hvalama lokalnih funkcionera jer im je od toga zavisila karijera. I njima se više verovalo nego analitičarima, pošto su vesti i o makar izmišljenim uspesima prijale te su se u političkim govorima mogle na opšte zadovoljstvo javno lansirati, dok se sa neprijatnim problemskim informacijama nerado izlazilo u javnost.

Zbog toga je ispoljavano hronično nezadovoljstvo radom analitičkih službi, koje je rezultiralo njihovim ukidanjem. U Veću SSJ su pod pritiskom republičkih centrala, tražili da Informativno-analitička služba ne pravi izvorne nego sintetičke analize na osnovu odgovarajućih analiza republičkih sindikata. To je, međutim, bilo neizvodljivo jer među sindikatima, ni po vertikali ni po horizontali, nije bilo gotovo nikakve sinhronizacije sindikalne aktivnosti, te se nikada nisu stekle ni dve republičke analize na istu temu. Epilog je, nakon dvogodišnjeg rada, bio ukidanje Informativno-analitičke službe.

Razumljivo je što je birokratija prikrivala probleme koji su proisticali iz njene sopstvene vladavine. Da bi svoju vlast učinila nedodirljivom, ona je uzroke problema koje je sama stvarala, tražila na nekoj drugoj strani uključujući i subjektivne slabosti pojedinih nosilaca vlasti, ali nikako u samom sistemu birokratske vladavine.

Kritika subjektivnih slabosti birokratije od strane same birokratije predstavljala je zapravo jedan od oblika demagoškog prikrivanja objektivnih slabosti samog sistema birokratske vladavine, iz kojih su i subjektivne slabosti proisticale. U tom smislu, glavni protagonisti birokratizma bili su istovremeno i njegovi najveći kritičari. I Staljin i Tito su najveću popularnost sticali upravo čestim kritikama birokratskih pojava, stvarajući time privid najvećih boraca protiv birokratije.

Za razliku od kritike odozgo, kritika birokratije odozdo kvalifikovana je kao ugrožavanje društvenog sistema jer je svaki državni ili partijski funkcioner nastupao kao oličenje i nepogrešivi zaštitnik sistema. Svaki bi i najbezazleniju primedbu na njegov račun odbijao kao napad na državu, narod i partiju, sa nesumnjivom namerom da sa sebe skine svaku odgovornost.

Neograničenom kritikom odozgo i gotovo potpunim isključenjem kritike odozdo stvaran je kult nepogrešivog vođe, kojem su svi za sve odgovorni, a koji nikome nije odgovoran nizašta. Vođu niko nije smeo okriviti ni za šta, a on je svakoga mogao okriviti za bilo šta, kao čuvar poslušnog stada, koje je oko njega zbijalo svoje redove i za kojeg je vezivalo svoju sudbinu predajući se njegovoj milosti i nemilosti. Time je stvaran privid obostrane identifikacije i nerazrušivog jedinstva sa kolektivnim predubeđenjem da vođa živi za narod a narod za vođu.

Nikakvim prividom nije se, međutim, mogao prevladati vladajući antagonizam između osione birokratije i potlačenih masa. U svakom prividno složnom kolektivu postojala je latentna ili otvorena konfrontacija rukovodećih struktura i njihovih izvršilaca. Društveno-političke organizacije nisu služile da postojeće protivrečnosti razrešavaju već da iskrsle sukobe stišavaju i autokratsko rukovođenje masama potpomažu.

Ali antagonizam je vladao i među samom birokratijom. I ako se izuzmu sukobi između konzervativaca i relativno retkih pojedinaca koji su težili progresivnim promenama, vladala je opšta napetost zbog ograničenih mogućnosti napredovanja na birokratskoj lestvici. Svaki profesionalni funkcioner teži ka napredovanju, i svakom je i uzdanica i prepreka njegov pretpostavljeni od kojeg mu napredovanje zavisi.

Stoga je sistem birokratske vladavine produkovao opšte nezadovoljstvo, koje je predstavljalo glavni adut za mirno kolonijalno potčinjavanje, čiji je glavni oslonac činila upravo nacionalna birokratija sa nezajažljivim karijerističkim ambicijama. Odlučujuću ulogu u rušenju autoritarnog realsocijalizma odigrali su njegovi sopstveni funkcioneri da bi preuzeli funkcije još autoritarnije tranzicione vlasti.

Pošto su zbačene maske lažnog socijalizma, prikriveno kolektivno podaništvo zamenjeno je otvorenim individualnim podaništvom. Isti oni diktatori koji su se nad svojim podanicima iživljavali u ime naroda i države, sada su to mogli bezobzirno činiti u svoje sopstveno ime. Kolektivna diktatura samo je zamenjena otvorenom individualnom diktaturom. Revolucionarni ideali slobode, jednakosti i bratstva bezobzirno su pogaženi za račun socijalnog i nacionalnog ropstva, diskriminacije i bratoubilaštva.

Tranzicijom su, pod lažnim plaštom demokratizacije, odbačene i već dostignute tekovine stvarne demokratije. Sa retrogradnom reprivatizacijom vlasništva izvršena je i retrogradna reprivatizacija upravljanja. Individualni vlasnici privatnih firmi promovisaše se u apsolutne gospodare i angažovanog kapitala i zaposlenih najamnika sa praktično neograničenim raspolaganjem i jednim i drugim.

Uvođenjem vešestranačkog parlamentarizma samo je prividno ukinut sistem jednopartijske vladavine jer je među mnoštvom političkih stranaka odlučujuću ulogu u upravljanju društvom i dalje imala samo jedna, najmoćnija stranka, na čelu sa svojim liderom kao neprikosnovenim autoritarnim šefom države. Parlamenat je služio samo kao lažna demokratska fasada jer su njegovi članovi glasali po direktivama svog partijskog vođe, a po partijskim nalozima je radila i vlada, koja je faktički obavljala zakonodavnu funkciju jer je parlamenat samo izglasavao njene predloge.

U tobože demokratskom građanskom društvu građaninm je potpuno potisnut na podaničku poziciju, sa jednim jedinim formalno-demokratskim pravom da bira kojoj će političkoj stranci poveriti apsolutnu vlast nad samim sobom. Umesto da je dobio šira demokratska prava i veće mogućnosti stvarnog odlučivanja o svojoj sudbini, tranzicijom mu je oduzeto i ono što je imao, ali to je odgovaralo i domaćim i stranim vlastodršcima.

Domaća vlastela je zadržala monopol u upravljanju društvom, preko kojeg ga strane sile mogu lakše držati u kolonijalnom položaju diktirajući svoju politiku u ostvarivanju sopstvenih interesa. Pod dominacijom kolonijalnih sila, domaća vlastela i nije u mogućnosti da sprovodi narodnu volju, ali jedino uz njihovu pomoć ona i može ostvarivati apsolutnu vlast nad narodom.

U odupiranju apsolutističkoj vlasti, osnovana je društvena organizacija „Lokalna samouprava Srbije", s osnovnim ciljem da svim građanima omogući organizovano pokretanje inicijativa za rešavanje zajedničkih životnih problema. To je prva izvorna organizacija građana, koju su osnovali aktivisti mesnih zajednica kao najangažovaniji borci za ostvarivanje samoupravnih prava u zadovoljavanju zajedničkih potreba i interesa. Svojim inicijativama, primedbama i predlozima znatno je uticala na očuvanje stečenih demokratskih prava, kao i na njihovu zaštitu u praktičnom ostvarivanju.

Samoupravljanje je u zadovoljavanju zajedničkih potreba i interesa najviše ostvarivano u seoskim i prigradskim naseljima, o kojim je država najmanje brinula i gde ga je stoga birokratska vlast najmanje gušila. Zahvaljujući tome, u tim sredinama je u svim oblastima života ostvaren i najveći, ranije neviđen napredak, kojim su u velikoj meri smanjene razlike između grada i sela, te centra i periferije grada.

Tranzicijom je samoupravna inicijativa građana prigušena s izrazitom tendencijom da se i mesna samouprava birokratizuje i pretvori u produžetak državne uprave. U borbi za monopolisanje celokupne vlasti, političke stranke potiskuju aktiviste građana i na odgovorne funkcije postavljaju svoje članove, koji po partijskim direktivama često rade protiv narodnih interesa. I tako će biti sve dok građani ne uzmu vlast u svoje ruke.

Po revolucionarnim opredeljenjima komunističkog pokreta, socijalizam je od samog početka morao predstavljati neposrednu, neotuđenu i neotuđivu vlast samog naroda. Monopolisanjem vlasti, komunističke partije su pale u kontrarevolucionarno iskušenje da umesto neposredne vlasti naroda uspostave sopstvenu vlast nad narodom predstavljajući je lažno kao vlast samog naroda.

DVOJNI MORAL

Tito je svoje podanike često javno kritikovao zbog razlaza reči i dela, kao da u tome nije i sam prednjačio. Taj razlaz je logički proisticao iz sebičnih interesa birokratije i opštih interesa društva, za koje se birokratija javno deklarisala a potajno radila suprotno. Bila je to osnova dvojnog morala: jednog za javnu, i drugog za privatnu upotrebu.

Za javnu upotrebu služio je opštečovečanski moral zasnovan na generičkim težnjama i izvornim komunističkim načelima, sa kojima je komunizam izrastao u planetarni pokret za opštu slobodu, bratstvo i jednakost svih pripadnika ljudskog roda. Komunističke partije se tih načela na rečima nisu odricale jer su na njima zasnivale politički kredibilitet, ali su ih na delu u ostvarivanju vlasti često izokretale u suštu suprotnost.

Vlast je kao vladavina ljudi nad ljudima, sama po sebi nemoralna, i može se pravdati samo ukoliko je u funkciji oslobađanja od takve vladavine. Komunistička vlast je zapravo u toj funkciji i morala biti, što je mogla jedino kao neposredna vlast samog naroda. Po zamisli klasika marksizma, socijalistička država se otpočetka morala organizovati kao samoupravna organizacija celog naroda, u kojoj bi vladavinu ljudima zamenilo vladanje stvarima, što je jedan od osnovnih uslova ljudske slobode i društvenih jednakosti.

Pošto radnicima i seljacima nisu dale fabrike i zemlju, komunističke partije im nisu mogle dati ni vlast, koja uvek ide uz vlasništvo. Umesto toga, one su sopstvenu vlast proglasile za vlast samog naroda, nudeći mu umesto pravog socijalizma lažni socijalizam. To je bila velika istorijska obmana revolucionarnih masa, kakvu su dolazeći na vlast izvršile i buržoaske partije.

Partijski monopol državne vlasti predstavljao je političku osnovu, kao što je monopol državnog vlasništva činio ekonomsku osnovu društvenih nejednakosti i proleterskog ropstva. Na tome se zasnivao u suštini robovlasnički moral državne birokratije, koja je javno proklamovala socijalistički moral a privatno živela životom svih povlašćenih klasa, nasuprot radnim masama, koje su živele kao sve obezvlašćene klase.

Poput starovekovnih robovlasnika, birokratska vlastela se ponašala tako kao da samo ona sačinjava ljudsku zajednicu, tretirajući proizvođačke mase kao tegleću marvu. Samo pri takvom ponašanju mogla je i svoju monopolisanu vlast tretirati kao vlast samog naroda prikrivajući povlašćenu poziciju demagoškim svrstavanjem među radne ljude.

Autoritarnim određivanjem radnih obaveza, ličnih primanja i životne karijere, birokratija je praktično određivala sudbinu radnih ljudi, na čemu su se zapravo temeljili podanički odnosi, sa poslušnošću i poniznošću kao osnovnim karakteristikama presudnim za određivanje životne sudbine podanika. Na tome se kod birokratske vlastele zasnivalo osećanje više, a kod podaničkih masa osećanje niže vrednosti.

Ma koliko to javno prikrivala, birokratska vlastela se prema obezvlašćenim masama odnosila kao prema bićima nižeg reda, zahtevajući njihovo podaničko ponašanje i kloneći se neposrednog opštenja sa nižim od sebe ukoliko ono nije od neke koristi. Bilo je zaista neprijatno sresti se u liftu sa nekim funkcionerom koji bez prozborene reči sa slučajnim saputnicima gleda u plafon.

Živeći na kastinski način, birokratska vlastela se retko družila sa pripadnicima nižeg reda. Nju su svugde čekala rezervisana mesta, luksuzni apartmani i specijalni aranžmani; putovala je posebnim vozilima mimo voznog reda i uz ličnu pratnju; stanovala u prostranim i luksuzno opremljenim stanovima ili vilama, pa i u posebnim, od ostalog sveta odvojenim naseljima.

Prikrivajući sopstveno koristoljublje, birokratija se prema svojim podanicima dušebrižnički odnosila. Činila je dobre usluge samo kad je od toga imala neke koristi, očekujući za uzvrat uvek veće protivusluge. Nije odbijala mito ni kad bi nešto morala uraditi po zakonu, čijeg se kršenja nije klonila kad god joj se isplatilo. Korupciju je iz sveg glasa osuđivala ali daleko od toga da bi je iskorenila već da bi je prikrila.

Nema većeg nemorala od međuljudskog iskorišćavanja da bi se živelo i uživalo na tuđ račun. Birokratija se lažno predstavljala kao pokorni sluga naroda samo zato da bi ceo narod lakše pokorila i pretvorila u sopstvenog slugu. Neograničena vladavina narodom u ime naroda i za narod, nije joj služila samo za to da bi zadovoljila svoju klasnu sujetu već i da bi iskorišćavanjem naroda udovoljila svim svojim obestima umišljajući da je za sebe već ostvarila komunizam.

Kako se ponaša birokratija kao klasa, tako se pojedinačno ponaša svaki birokrata. Birokratija je u ime naroda i za narod donosila takve zakone kakvi su prvenstveno njoj odgovarali, i menjala ih kad god je ona za tim osećala potrebu. I svaki pojedini birokrata je zaklanjanjem iza zakona tumačio, primenjivao i kršio zakone kako je njemu odgovaralo. Birokratska vladavina nije ništa manje voluntaristička od bilo koje druge autokratske vladavine.

Kao i moralni postulati, zakoni nalažu ono što bi trebalo i što bi se, po nekim ljudskim rezonima, moralo činiti, a sprovodi ih onaj ko (pod spoljašnjom prinudom ili po sopstvenoj savesti) mora. Pošto poseduje monopol na društvenu prinudu, birokratija može prinuditi svakog a nju ne može prinuditi niko, zbog čega se po neprincipijelnosti i amoralnosti ni malo ne razlikuje od drugih vlastodržaca. Nazovi socijalistička vlast posvedočila je da je svaka vlast nad narodom, ma kako se zvala, u suštini ista i da vlada prvenstveno u sopstvenom interesu.

Primarni interes birokratije, kao svake druge vlastele, je fiziološko a ne duhovno uživanje, pun stomak a ne puna glava, odakle potiče i njeno koristoljublje. Dok je od naroda traženo stezanje kaiša radi srećnije daleke budućnosti, kaiš birokratske vlastele je u neposrednoj sadašnjosti pucao od preobilja. I u najsiromašnijem selu politički funkcioneri su dočekivani prepunom trpezom i ispraćani skupocenim poklonima, što je i za jednu i za drugu stranu bilo značajnije od ispraznih političkih govora punih lažnih obećanja.

Zbog fiziološke nezajažljivosti, dvojni moral je vladao i u polnim odnosima: jedni kriterijumi važili su za birokratsku vlastelu, a drugi za podaničke mase. Između javnih propovedi i privatnog života birokratije postojao je veliki razlaz. I u ovoj oblasti su izvorna komunistička načela revidirana, i zavladao je u suštini nasleđeni buržoaski moral.

Osnivači komunističkog pokreta predviđali su da će u komunizmu vladati slobodna polna ljubav, kao tipično generički i univerzalni emocionalni odnos među polovima, što Marks potkrepljuje i duhovitom opaskom da „...*nema te žabe koja se ne bi svidela nekom žapcu*". Uprkos tome, buržoaski ideolozi su ih, ne birajući sredstva u borbi protiv komunizma, optuživali za propagiranje prostitucije, koja je zapravo neizostavni pratilac, pa i sama osnova buržoaskog braka iz računa.

Rukovodeći se prvenstveno pragmatičnim pobudama i fiziološkim požudama, „crvena buržoazija" nije mnogo polagala na polna osećanja. U restriktivnosti prema drugima i u sopstvenoj razuzdanosti nije poznavala granice. Dok se sama iživljavala u seksualnom razvratu, od drugih je zahtevala uzdržavanje i od najplemenitijih osećanja, i to sve u nekom opštem interesu, koji je inače podređivala svojim sebičnim interesima. Sledeći primeri to nabolje ilustruju.

Partijska organizacija srednjih škola u Valjevu, čiji sam sekretar bio, cele noći je raspravljala o jednom bezazlenom slučaju sa tragičnim epilogom. Na jednoj žurci, član naše osnovne organizacije, istaknuti omladinski i partijski aktivista, poljubio je učenicu sa kojom se inače nije zabavljao, i ona ga je tužila Komitetu, po čijem je nalogu osnovna organizacija taj slučaj stavila na dnevni red. Nesmotreni postupak partijskog druga je osuđen i većinom glasova je isključen iz Partije, ali se na tome nije završilo već je sledilo i isključenje iz škole te je školovanje morao nastaviti u drugom mestu.

Još tragičniji slučaj odigrao se na omladinskoj radnoj akciji. Neko je devojku iz Valjevske brigade prijavio štabu Brigade da je na livadi sedela sa mladićem iz jedne crnogorske brigade. Nesrećna devojka je pred celom brigadom izbojkotovana, odmah vraćena kući, a potom i iz škole proterana. Nikog nisu interesovala osećanja dvoje mladih, koja su uprkos doživljenoj nesreći urodila srećnim brakom. Radilo se o sasvim pragmatičnim razlozima ovakvih i sličnih brutalnosti. Da bi se patrijarhalno nastrojeni roditelji pridobili da ženskoj deci dopuštaju učešće u radnim akcijama, pribegavalo se i najsurovijem gušenju ljudskih osećanja.

Birokratija je, međutim, i u tome bila privilegovana. U isto vreme dok se prema običnim prekršiocima zabrana surovo postupalo, visoki politički funkcioneri su od toga bili zaštićeni čak kad su se bezobzirno oglušivali i o elementarne ljudske obzire. Izboru visokog partijskog funkcionera u politbiro Centralnog komiteta usprotivio se na VI kongresu SKJ njegov kućni prijatelj, po činu general, s obrazloženjem da ga vara sa venčanom ženom. Za govornicu je odmah izišao Tito i generala nazvao „luđakom“, posle čega je sledilo njegovo udaljavanje sa Kongresa i javno proglašavanje za narodnog neprijatelja, što je

Kongres bez pogovora prihvatio izabravši sve organe Partije jednoglasno kao da prigovora nije ni bilo.

Politički moćnici nisu birali sredstva za osvajanje polnog partnera. Ako nisu pomagala lažna obećanja, korišćene su ucene, pretnje i sankcije, sve do otpuštanja sa posla. Više zvanje, lakši i bolje plaćeni posao ili razne povlastice, često su plaćani seksualnim protivuslugama. Prostitucija je zakonom bila zabranjena ali je praktikovana kao sastavni deo profesije. Crveni poslodavci nisu prema svojim najamnim robinjama bili nimalo milosrdniji od plavih poslodavaca.

Razume se da seksualno iživljavanje političkih moćnika nije išlo na njihov račun već na teret državnog i partijskog budžeta, koji je proleterska raja popunjavala. Brojne funkcionerske vile i vikendice, sagrađene o društvenom trošku, služile su uglavnom za provode, terevenke i švaleraciju, a u Centralnom komitetu SKJ je za to bila rezervisana i posebna stambena jedinica. Materijali za državna i partijska dokumenta često su pripremani u ekskluzivnim odmaralištima, gde su jedni radili a drugi se provodili. Nameštena službena putovanja sa specijalnom pratnjom predstavljala su pogodnu kamuflažu za lični provod.

Crvena buržoazija nije mogla uspostaviti društvenu jednakost među polovima jer, kao ni plava buržoazija, nije uspostavila društveno-ekonomsku jednakost među ljudima. Pokušaj da se to postigne kroz uravnilovku, rezultirao je samo drugačijim nejednakostima. Jednaka plata za nejednak rad značila je društvenu nejednakost između dobrog i lošeg radnika, pri kojoj se lošiji radnik nalazio u privilegovanom položaju da nezasluženo zarađuje više na račun boljeg radnika, koji je zbog toga zarađivao manje nego što je svojim radom zavređivao. Jedan je dobijao više nego što je davao zahvaljujući tome što je drugi davao više nego što je dobijao.

Kao prinudni arbitar nepravedne raspodele, crvena buržoazija je uživala još nepravedniju privilegiju da ne radi ili radi koliko joj volja a uzima koliko hoće. Sve svoje privilegije pokrivala je proklamacijama o formalnim jednakostima iza kojih su stajale stvarne sistemske nejednakosti, pre svega između povlašćene birokratije i obezvlašćenih masa.

Definitivnim odricanjem od komunizma, crvena buržoazija je crvenu odoru samo zamenila plavom odorom. Pošto joj je dosadilo da skriva svoje pravo lice, preko noći je zbacila lažni veo nastavivši da otvoreno vara i pljačka nedužni narod, kojem je iz naziva javnih institucija i samo ime izbrisala. Dojučerašnji barjaktari lažnog komunizma odjednom se počeše utrkivati ko će pre u kapitalizam, stideći se komunističkih simbola i iskreno uveravajući javnost da nikada komunisti nisu ni bili.

Sistem vladavine lažnog socijalizma i lažnog samoupravljanja potiskivao je iskrene borce za društveni progres, a na površinu izbacivao lažove i prevarante koji su sve podređivali ličnoj karijeri. Uz pomoć kolonijalnih sila, vlasti se dokopa najveći društveni šljam, spreman da i sa rođene majke mrtvački pokrov skine. Najvernije sluge kolonijalne sile pronađoše baš među komunističkom bagrom, zbog koje se otruleli komunistički režimi iznutra sami urušiše te ih spolja nije ni trebalo silom rušiti.

VLADAJUĆA PARTIJA ILI IDEJNO-POLITIČKA AVANGARDA

Najveću odgovornost za gaženje komunističkih ideala snose vladajuće komunističke partije. Sve su na vlast došle rušenjem autoritarnih režima, uz podršku ugnjetenih narodnih masa, a kad su osvojile vlast našle su se pred istorijskom dilemom: da nastave revolucionarnu borbu za ostvarivanje komunističkih ideala, ili da krenu pogrešnim putem stvaranja novih autoritarnih režima. I sve su u iskušenju vlastodržačkih strasti krenule pogrešnim putem.

Iskreni komunisti su s oduševljenjem dočekali opredeljenje za samoupravljanje, kao i odluku VI kongresa da se Komunistička partija Jugoslavuje kao vladajuća partija transformiše u Savez komunista kao idejno-političku avangardu koja deluje unutar sistema samoupravljanja. Bili su to zvezdani trenuci revolucionarnog uzleta, koji su budili nade u razvoj istinskog socijalizma, kao nastavak započete revolucije.

Vlastoljubivost partijske birokratije, koja je zaposela ključne državne funkcije, nadvaladala je, međutim, revolucionarne težnje iskrenih boraca za samoupravljanje, što je bilo presudno da Savez komunista zadrži pozicije vladajuće partije, a sa time i birokratski način delovanja. Preovladalo je opredeljenje partijske vrhuške za biroktasko tutorstvo države nad samoupravljanjem, čime je ono praktično marginalizovano i pretvoreno u pomoćnu polugu države.

Ne bi se, međutim, moglo reći da je država bila iznad samoupravljanja a partija iznad države. I država i partija predstavljale su instrumente u rukama birokratske vrhuške, u kojoj je odlučujuću ulogu imao njen vrhovnik, čiji se autoritet više oslanjao na silu nego na političke argumente. Partijsko članstvo, baš kao ni ostalo građanstvo, nije na državnu politiku imalo nikakvog uticaja. Interes za omasovljenje partije nije postojao radi veće demokratije već radi lakšeg sprovođenja direktiva birokratije.

Zvanično je proklamovan demokratski centralizam, a u radu Saveza komunista vladao je birokratski centralizam, koji je podrazumevao hijerarhijsku subordinaciju osnovnih organizacija i nižih organa višim s apsolutnom dominacijom vrhovnog vođe. U osnovnim organizacijama je još i postojala određena demokratičnost, koja je, kao partijski filter, više služila za proveru političke odanosti nego za izgrađivanje političkih stavova.

Politički stavovi Partije diktirani su iz partijskog centra, i to po diktatu partijskog vođe, a političkim dokumentima usvajanim na partijskim skupovima, samo su ozvaničavani. Javna rasprava o nacrtima tih dokumenata, na koju se trošilo mnogo sredstava i energije, služila je samo da se stvori privid demokratske širokogrudosti kako bi se članstvo motivisalo za sprovođenje unapred zauzetih stavova. Kada sam se interesovao kod urednika partijskog lista „Komunist“ zašto nisu objavljeni neki moji predlozi i primedbe na Nacrt statuta SKJ, upitao me je da li su mi poznati stavovi rukovodstva SKJ. Iz javnih rasprava prihvatano je samo ono što je bilo u potpunosti saglasno sa stavovima rukovodstva.

Od članstva je zahtevana apsolutna poslušnost, a njegovim zahtevima nije pridavan nikakav značaj. U pripremi Desetog kongresa SKJ sačinjena je debela knjiga predloga i primedbi na Nacrt statuta SKJ. Prvobitna direktiva bila je da se delegatima podeli pred sam početak Kongresa, a u poslednjem trenutku stigla je direktiva da se uopšte ne deli. Objašnjenje sekretara Izvršnog komiteta zaduženog za Statut, bilo je da nam nije stalo da Statut padne već da prođe. Takva direktiva mogla je doći samo sa najvišeg mesta.

Partija je praktično bila u rukama vođe, koji je uz konsultaciju ili bez konsultacije najbližih saradnika, sam odlučivao o njenoj sudbini. Milošević se i javno hvalisao da je sam raspustio Savez komunista i osnovao Socijalističku partiju Srbije. Bio je to vrhunac lične samovolje i birokratske manipulacije partijskim članstvom, kojim su se partijske vođe poigravale kako su htele.

Birokratski centralizam je partijsko članstvo činio potpuno zavisnim od partijskog rukovodstva, a partijsko rukovodstvo potpuno nezavisnim od članstva. Ukoliko je statutarnim odredbama i dozvoljavan nekakav uticaj članstva, one u praksi nisu poštovane. Kao član radne grupe koja je analizirala funkcionisanje gradske organizacije Saveza komunista Beograda, govorio sam na sednici Gradske konferencije SK argumentovano o birokratizaciji Gradskog komiteta. Odmah se za reč javio predsednik Centralnog komiteta SK Srbije Slobodan Milošević, i bez pobijanja mojih argumenata izrekao najveće pohvale Gradskom komitetu, čime je presekao dalju raspravu, a time sprečio i donošenje odgovarajućih zaključaka o unapređenju rada Gradske organizacije.

Kritika je u Savezu komunista često prelazila u kritizerstvo, ali samo odozgo prema dole a nikako i u obrnutom smeru. Sva odgovornost za nezadovoljavajući rad prebacivana je na niža rukovodstva i osnovne organizacije, dok su viša rukovodstva bila zaštićena od javnog pozivanja na odgovornost. O nekakvim greškama i manama partijskih vođa i njihovih bliskih saradnika nije se ni u šali smelo javno govoriti, čime je stvarana lažna predstava o njihovoj čestitosti i nepogrešivosti.

Zahvaljujući tome, partijska rukovodstva su mogla raditi što su htela, i Savez komunista Jugoslavije, a sa njime i Socijalistička Federativna Republika Jugoslavija nisu razarani odozdo nego odozgo. I glavna gnezda strane špijunaže bila su u partijskim i državnim vrhovima, odakle su poticale najrazornije separatističke težnje. Zahvaljujući podršci stranih sila, gotovo svi partijski lideri su nakon raspada SKJ i SFRJ zadržali rukovodeće pozicije u novoformiranim državicama.

Od partijske birokratije vladajućih komunističkih partija, predisponirane za podaništvo i privatizaciju, kolonizatorske sile nisu mogle naći boljeg saradnika. Nesposobna da trajno drži zauzdane mase, ona je više bila sklona da prihvati kolonizatorsku tranziciju u kojoj bi se kroz privatizaciju prekomandovala u kapitalističku klasu i zadržala (makar i podaničku) vlast, nego da se preorijentiše na stvarnu socijalizaciju i demokratizaciju, pri kojoj bi izgubila i svojinski i politički monopol.

Na liniji ideološko-političke preorijentacije sa socijalizma na kapitalizam, bilo je i raspuštanje Saveza komunista te osnivanje Socijalističke partije Srbije, koja je samo po nazivu socijalistička. Ali komunistička opredeljenja (ni na rečima) nisu zadržale ni stranke koje su zadržale komunističke simbole. Glavna liderka Jugoslovenske udružene levice (JUL-a) javno se jadala što ih sa zapada napadaju kad su se sami opredelili za prelazak iz socijalizma u kapitalizam, stavljajući do znanja da je samozvana levica desnija i od same desnice.

Opredeljenja političkih stranaka za liberalni kapitalizam bila su sasvim u skladu sa privatnosopstveničkim ambicijama njihovih lidera, kojima su služile kao priručni instrumenat ekspresne monopolizacije vlasti i vlasništva. Stoga težište njihove aktivnosti nije bilo na socijalizaciji i demokratizaciji već na privatizaciji i monopolizaciji, te je umesto na stvaranje i društvenu integraciju bilo usmereno na razaranje i dezintegraciju već stvorenog i integrisanog.

U toj funkciji, političke stranke neizostavno deluju kao birokratske i autoritarne organizacije. Sve što je u Savezu komunista prikrivano, sada se u vladajućim strankama javno radi. Njihova rukovodstva unapred obnaroduju svoje stavove, koje vlada pretače u državne odluke, i za koje njihovi poslanici moraju glasati ili će biti zamenjeni. Članstvo nema nikakvog uticaja na politička opredeljenja stranke, na druge stranke i njihove lidere „baca se drvlje i kamenje", a o sopstvenoj stranci i njenim čelnicima može se govoriti samo najbolje.

Višestranačje je donelo samo prividni napredak u odnosu na jednopartijski sistem. Svaka stranka teži da sama vlada, i samo po nuždi stupa u stranačke koalicije, u kojima se vodi neprakidna borba za dominaciju, kao što među funkcionerima svake stranke vlada rivalstvo ko će biti prvi. Najveći doprinos, višepartizam je (na veliko zadovoljstvo kolonizatorskih sila) dao razbijanju nacionalnog jedinstva i međunacionalne saradnje.

U službi svojinskog i političkog monopolizma, političke stranke su postale najveći grobari stvarne demokratije. Ako na državne odluke ne može uticati ni članstvo vladajuće stranke, kakve su tek mogućnosti ostalih građana, čija se politička prava svode na izglasavanje poverenja nekoj od stranaka koja će njima u njihovo ime vladati. I ako je vlast nad društvom glavni cilj i osnovni smisao postojanja političkih stranaka, kako se od njih može očekivati nekakvo angažovanje na demokratizaciji društva. Ukoliko su u službi određenih grupnih i pojedinačnih interesa, njihovo smenjivanje na vlasti je u pogledu ostvarivanja opštedruštvenih interesa beskrajno vrćenje u krug.

Time se stvara sve veće nezadovoljstvo svih koji podnose torturu stranačke vladavine, pod kojom se njihovi interesi teško ostvaruju ili se uopšte ne ostvaruju. Jednog dana prišla mi je grupa studenata sa predlogom da osnujemo neku novu stranku koja će se boriti za opšte interese pošto u tom pogledu nisu zadovoljni ni sa jednom od postojećih stranaka. I s obzirom da to ne bi mogla činiti nikakva stranka nego neki opštenarodni pokret, odlučismo se da osnujemo Pokret za progres, koji će se boriti za društveni razvoj i opštedruštveni napredak.

Pokret je zamišljen i registrovan kao demokratska organizacija, potpuno otvorena za sve progresivne inicijative, koje bi se upućivale svim društvenim činiocima pozvanim da se angažuju na njihovom ostvarivanju. Bez masovne inicijative nema stvarne demokratije kao opštenarodne vlasti, koja je jedini pravi garant ostvarivanja opštedruštvenih interesa, jer se interesi celog naroda mogu ostvarivati samo ako se na tome ceo narod angažuje.

Problem je, međutim, u izostajanju masovnih inicijativa. Totalna robotizacija ljudskih duša je najpogubnije nasleđe etatističkog totalitarizma, koji je dušebrižničkim zbrinjavanjem do beznadežnosti umrtvljivao ljudski duh. Zbog navike da sve društvene probleme rešava država, građani se po inerciji i dalje predaju sudbini viših sila očekujući spasonosno izbavljenje od nekog zemaljskog ili vanzemaljskog usuda.

Svesni da je duhovna robotizacija u osnovi predodređena robotničkom funkcijom proizvođača, osnovali smo Savez naučnih stvaralaca, radi organizovanog pokretanja slobodnih inicijativa za primenu naučnih tekovina u rešavanju aktuelnih, i pre svega razvojnih problema društva. Pokazuje se, međutim, da je i sloboda naučnih stvaralaca uveliko sputana njihovom najamnom pozicijom, te da je strah od gubljenja posla najveća smetnja za pokretanje slobodnih inicijativa usled uvek prisutnog rizika da se iniciranjem društvenih promena dođe u sukob sa vladajućim režimom.

Time se podgrejava i ukorenjeni oportunizam u naučnim istraživanjima, koja više naginju apologiji nego kritičkom preispitivanju vladajućih ideologija. Umesto zaokreta ka većoj slobodi duhovnog stvaralaštva, tranzicija je donela novo duhovno mračnjaštvo i još veću robotizaciju ljudskih duša. Da bi raščistile sa robovanjem mračnim ideološkim silama, stvaralačke snage moraju raščistiti sa samim sobom.

POGOVOR

Ovo ispovedanje ne treba shvatiti kao obračun sa komunizmom. Obračun jeste, ali sa lažnim komunizmom. Posle svega, danas sam odaniji izvornim idealima komunizma no što sam ikada bio, a izvorni ideali komunizma su ideali ljudskog roda, kojim su težili svi progresivni pokreti, i kojim na kraju krajeva, težeći boljem životu teži svaka ljudska jedinka. To je i najsigurnija garancija da će se ti ideali kad tad ostvariti, i oni se ovako ili onako svakodnevno ostvaruju. Čovečanstvo će sigurno stići tamo kuda teži ako ga u tome neka viša sila ne spreči ili ako samo ne okonča suludim samoubistvom.

Ljudsko društvo je u suštini komunistička zajednica, i kakvo je bilo u embrionu, takvo će na kraju protivrečnog razvoja biti u razvijenom obliku, kao što suština svega postojećeg inače tek pri kraju izbija na videlo. Oko komunističkih težnji vrti se cela istorija čovečanstva, pa ni antikomunizma ne bi bilo da komunizma nije.

Da bi se obračunali s antikomunizmom, komunisti se moraju obračunati sa samim sobom. Posle svih vratolomija, od komunističkog pokreta malo je ostalo komunističkog, te od toliko pobedničkih i poraženih armija komunista - malo pravih komunista. Mnogi koji se kite komunističkim znamenjima veći su antikomunisti i od onih koji se diče antikomunizmom, ali nije malo ni pravih komunista koji se ne prse svojim ubeđenjima i zaslugama.

Komunizam bi se, pre svega, morao osloboditi preživelih ideološko-marketinških primesa koje su svojevremeno bile privlačne, a vremenom su postale kontraproduktivne, kao i zastarelih simbola koji više ne odgovaraju duhu vremena. Anahrono je zalaganje za proletersku državu, kao i mahanje srpom i čekićem u vreme carevanja robota i kompjutera. Opijeni vlašću i ostrašćeni antikomunističkim porocima, oficijelni komunisti su komunizam toliko iskompromitovali da bi mu se radi rehabilitacije neokaljanih komunističkih ideala, i samo ime moralo promeniti.

Neophodno je, međutim, temeljito preispitivaje i samih temelja komunističke ideologije, i to ne samo strategije i taktike već i krajnjih ciljeva komunističkog pokreta. Ma koliko da je popularna ideologija punih stomaka za radne mase praznih stomaka, ona je periferna u odnosu na ideologiju punih glava, koja izražava samu suštinu carstva ljudske slobode.

Iako je opšte materijalno izobilje neizostavna pretpostavka opšte društvene slobode, esencija ljudske slobode nije u neograničenom zadovoljavanju fizioloških potreba već u neograničenim mogućnostima duhovnog stvaranja. Slobodno komunističko društvo neće biti stecište besposlenih trutova nego košnica stvaralačkih radilica čiji je životni smisao u stvaranju a ne u izležavanju.

Takvo društvo ne stvara se silom nego umom kao najmoćnijom ljudskom silom, jedino sposobnom da točak ljudske istorije pokreće unapred. Cela istorija čovečanstva je delo ljudskog uma i cela je vekovni proces stvaranja slobodnog komunističkog društva. Sila je oduvek bila samo pomoćno sredstvo u rukama razumnog ili nerazumnog uma, i za sva suluda nasilja ne treba kriviti silu nego um.

Najveći strateški promašaj komunističkog pokreta je što je razaranje pretpostavio stvaranju, zbog čega je i silu pretpostavio umu, pa je socijalističku revoluciju shvatio prvenstveno kao politički čin rušenja kapitalizma. I čim su osvojile političku vlast, komunističke partije su socijalizam proglasile uspostavljenim a revoluciju završenom, sa čim su prestale da deluju kao revolucionarni pokret.

Čak i ako se za krajnji cilj i suštinu komunizma prihvati materijalno izobilje, ono se ne može dostići bez potpune automatizacije proizvodnje, koja pretpostavlja naučno-tehnološku revoluciju kao stvaralački proces. Zato bi se naučno-tehnološka revolucija (a ne osvajanje političke vlasti) morala prihvatiti za osnovu socijalistčke i komunističke revolucije, za koju je sudbonosno vezana socijalno-ekonomska pa i politička revoluija, čiji je samo početak (a ne završetak) osvajanje političke vlasti.

Naučno- tehnološka revolucija neposredno ili preko automatizacije i materijalnog blagostanja uvećava mogućnosti slobodnog duhovnog stvaranja time što, prvo, proširuje i produbljuje stvaralačku osnovu, drugo, što oslobađanjem proizvođača od neposredne proizvodnje uvećava slobodno vreme, i treće, što stvaraoce oslobađa brige za životnu egzistenciju. Sama naučno-tehnološka revolucija je beskonačni stvaralački proces kojim se stalno uvećavaju stvaralački potencijali i poboljšavaju objektivni uslovi stvaranja.

Samo se na taj način stvaraju istorijske pretpostavke za ostvarivanje generičkih težnji za društvenom jednakošću, koja može značiti samo jednake društvene uslove nejednakog ispoljavanja različitih stvaralačkih mogućnosti. Društvena sloboda i jednakost kojim ljudsko biće teži, sastoje se upravo u tome da svako deluje i stvara prema svojim mogućnostima, a individualne mogućnosti su po prirodi stvari nejednake, bez čega individualnosti zapravo ne bi ni bilo. Svi pokušaji veštačkog uterivanja individualnih jednakosti imali su za pretpostavku društvene nejednakosti i ograničavanje slobode individualnog ispoljavanja.

Zato ni put koji vodi do komunističke jednakosti nije nikakva uravnilovka koja znači jednaka primanja za nejednak rad, već to može biti samo raspodela prema radnom doprinosu, koja podrazumeva nejednaka primanja za nejednak rad, kao jedini autentični izraz socijalističke jednakosti, bez koje nema ekonomske motivacije. Jednaka nagrada za jednak, a ne za nejednak rad, je zapravo najmoćnija pokretačka snaga koja u individualnom i opštedruštvenom interesu, sve proizvođačke i stvaralačke snage podstiče na stvaranje materijalne osnove slobodnog stvaralačkog društva.

Najveći podsticaj dobijaju stvaralačke snage jer najviše doprinose društvenom razvoju, i pri raspodeli prema radnom doprinosu najviše dobijaju. Ali njihov najveći dobitak je u sve većoj slobodi stvaranja koja se takvom raspodelom povećava s obzirom da se ne poboljšavaju samo uslovi životne egzistencije nego i objektivni uslovi stvaranja jer se samo raspodelom prema radnom doprinosu obezbeđuje stvarna samostalnost stvaranja.

Stoga su stvaralačke snage ne samo vodeća nego i glavna noseća snaga socijalističke revolucije. Proizvođačke mase to postaju samo ukoliko oslobađanjem od neposredne proizvodnje i transformacijom u stvaralačke snage prestaju biti proizvođačkom masom. Svi radni ljudi su, međutim, životno zainteresovani nosioci revolucije ukoliko ljudski rad postaje najviša društvena vrednost, merilo i glavni osnov sticanja svih vrednosti.

Kao kreatori besklasnog stvaralačkog društva, duhovni stvaraoci su i najrazornija snaga klasnog proizvođačkog društva jer se staro samo stvaranjem novog trajno iz temelja razara. Jedan jedini stvaralac koji u procesu savremene društvene reprodukcije obavlja neku značajnu funkciju, može pre izdejstvovati promenu postojećeg stanja nego hiljade fizičkih radnika.

Ali jedna lasta ne donosi proleće. Stvaranje slobodnog stvaralačkog društva zahteva trajno i organizovano angažovanje svih stvaralaca, koji bi kao vodeća snaga opštenarodnog pokreta za progres, morali na svojoj zastavi ispisati parolu: „Stvaraoci celog sveta ujedinite se". Pokret treba da je širom otvoren za sve koji su spremni da se organizovano bore za društveni razvoj i opštedruštveni napredak, ali duhovni stvaraoci su kao neposredni tvorci novog i progresivnog, njegova udarna snaga.